Impressum
Verlag: BABADADA GmbH, Nedderfeld 112 , 22529 Hamburg
Geschäftsführer / Verlagsleitung: Harald Hof
Druck: Books on Demand GmbH, In de Tarpen 42, 22848 Norderstedt

Imprint
Publisher: BABADADA GmbH, Nedderfeld 112 , 22529 Hamburg, Germany
Managing Director / Publishing direction: Harald Hof
Print: Books on Demand GmbH, In de Tarpen 42, 22848 Norderstedt

l'école

ysgol

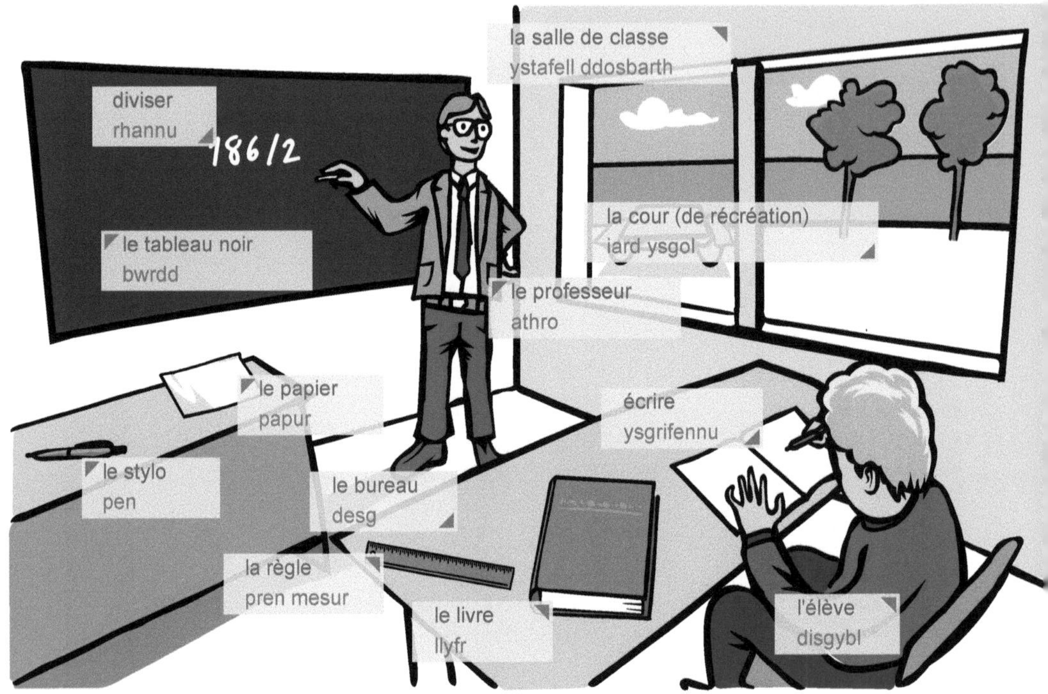

la salle de classe
ystafell ddosbarth
diviser
rhannu
186/2
le tableau noir
bwrdd
la cour (de récréation)
iard ysgol
le professeur
athro
le papier
papur
écrire
ysgrifennu
le stylo
pen
le bureau
desg
la règle
pren mesur
le livre
llyfr
l'élève
disgybl

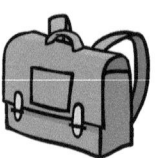

le cartable

bag ysgol

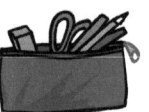

la trousse

blwch penselau

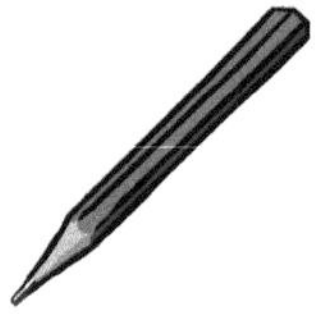

le crayon

pensil

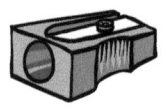

le taille-crayon

miniwr

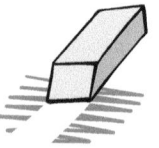

la gomme

rwber

le carnet à dessin

pad arlunio

le dessin

draw

le pinceau

brws paent

la boîte de peinture

blwch paent

les ciseaux

siswrn

la colle

glud

le cahier d'exercices

llyfr ysgrifennu

les devoirs

gwaith cartref

le chiffre

rhif

2+2

additionner

ychwanegu

5-2

soustraire

tynnu

2×2

multiplier

lluosi

calculer

cyfrifo

A

la lettre

llythyren

ABCDEFG
HIJKLMN
OPQRSTU
VWXYZ

l'alphabet

gwyddor

le mot

gair

le texte

testun

lire

darllen

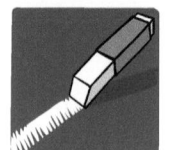

la craie

sialc

la leçon

gwers

le livre de classe

cofrestr

l'examen

arholiad

le certificat

tystysgrif

l'uniforme scolaire

gwisg ysgol

la formation

addysg

le lexique

gwyddoniadur

l'université

prifysgol

le microscope

microsgop

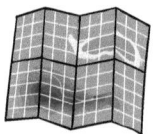

la carte

map

la corbeille à papier

basged papur gwastraff

le voyage
teithio

Grand
l'hôtel
gwesty
l'auberge
hostel
ROOMS
le bureau de change
swyddfa gyfnewid
CHANGE
la valise
cês dillad
la voiture
car

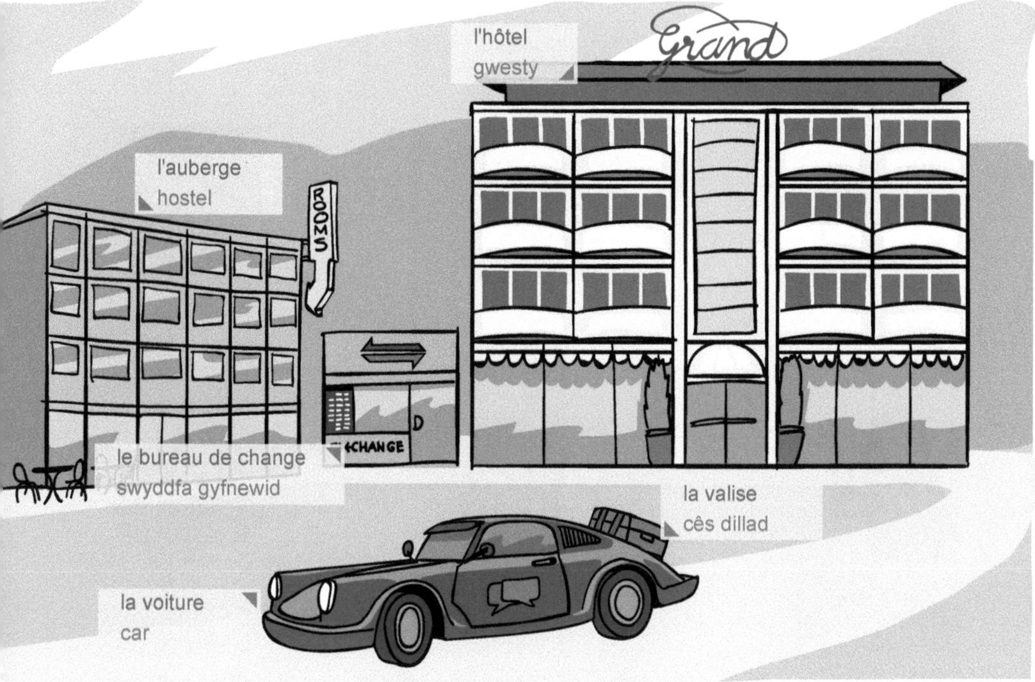

la langue

iaith

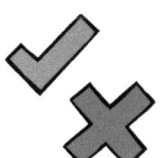

oui / non

ie / na

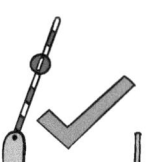

d'accord

iawn

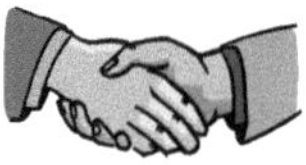

Salut

helo

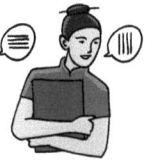

l'interprète

cyfieithydd

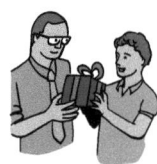

merci

Diolch yn fawr

Combien coûte...?

faint yw ...?

Je ne comprends pas

Dw i ddim yn deall

le problème

problem

Bonsoir !

Noswaith dda!

Bonjour !

Bore da!

Bonne nuit !

Nos da!

Au revoir

hwyl

la direction

cyfarwyddyd

les bagages

bagiau

le sac

bag

le sac-à-dos

gwarbac

l'hôte

gwestai

la pièce

ystafell

le sac de couchage

sach gysgu

la tente

pabell

l'office de tourisme

gwybodaeth i ymwelwyr

la plage

traeth

la carte de crédit

cerdyn credyd

le petit-déjeuner

brecwast

le déjeuner

cinio

le dîner

swper

le billet

tocyn

l'ascenseur

lifft

le timbre

stamp

la frontière

ffin

la douane

tollau

l'ambassade

llysgenhadaeth

le visa

fisa

le passeport

pasbort

le transport
cludiant

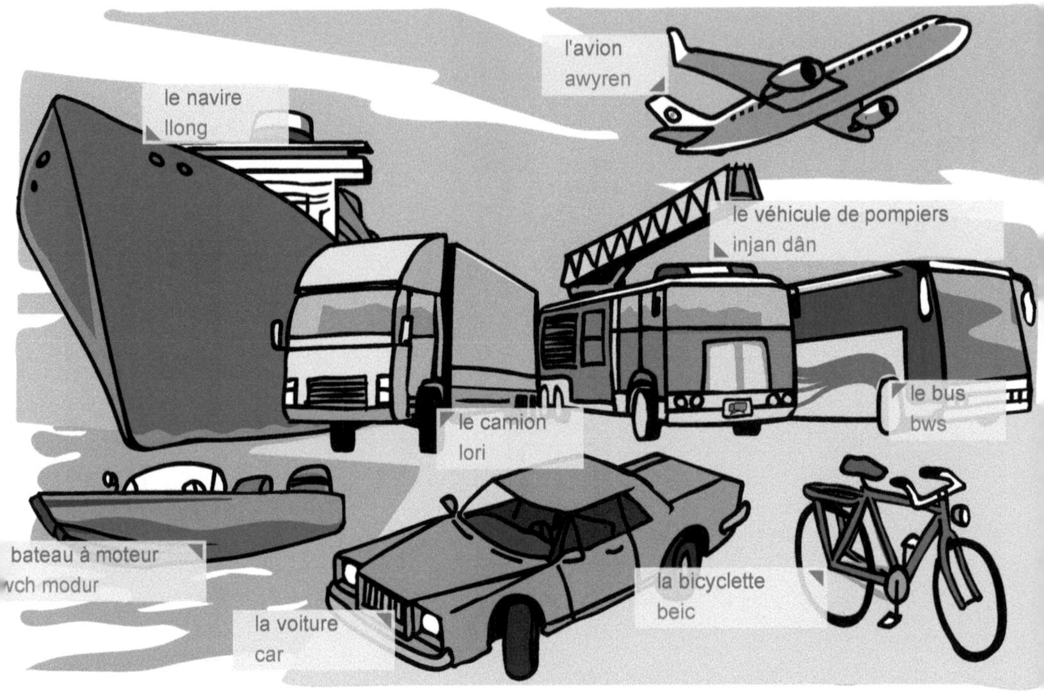
l'avion
awyren
le navire
llong
le véhicule de pompiers
injan dân
le bus
bws
le camion
lori
bateau à moteur
vch modur
la voiture
car
la bicyclette
beic

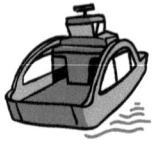

le ferry

fferi

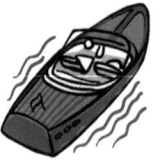

la barque

cwch

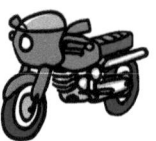

la moto

beic modur

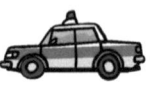

la voiture de police

car yr heddlu

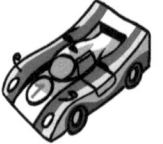

la voiture de course

car rasio

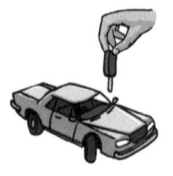

la voiture de location

car wedi'i rentu

l'auto-partage

rhannu car

la voiture de remorquage

lori tynnu

la benne à ordures

lori ysbwriel

le moteur

modur

l'essence

tanwydd

la station d'essence

gorsaf betrol

le panneau indicateur

arwydd traffig

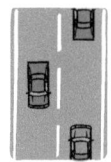

le trafic

traffig

l'embouteillage

tagfa draffig

le parking

maes parcio

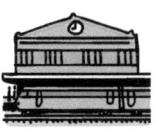

la gare

gorsaf drennau

les rails

traciau

le train

trên

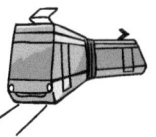

le tramway

tram

le wagon

wagen

l'hélicoptère

hofrennydd

l'aéroport

maes awyr

la tour

twr

le passager

teithiwr

le conteneur

cynhwysydd

le carton

paced

le chariot

cert

la corbeille

basged

décoller / atterrir

esgyn / glanio

la ville

dinas

le village

pentref

le centre-ville

canol y ddinas

la maison

tŷ

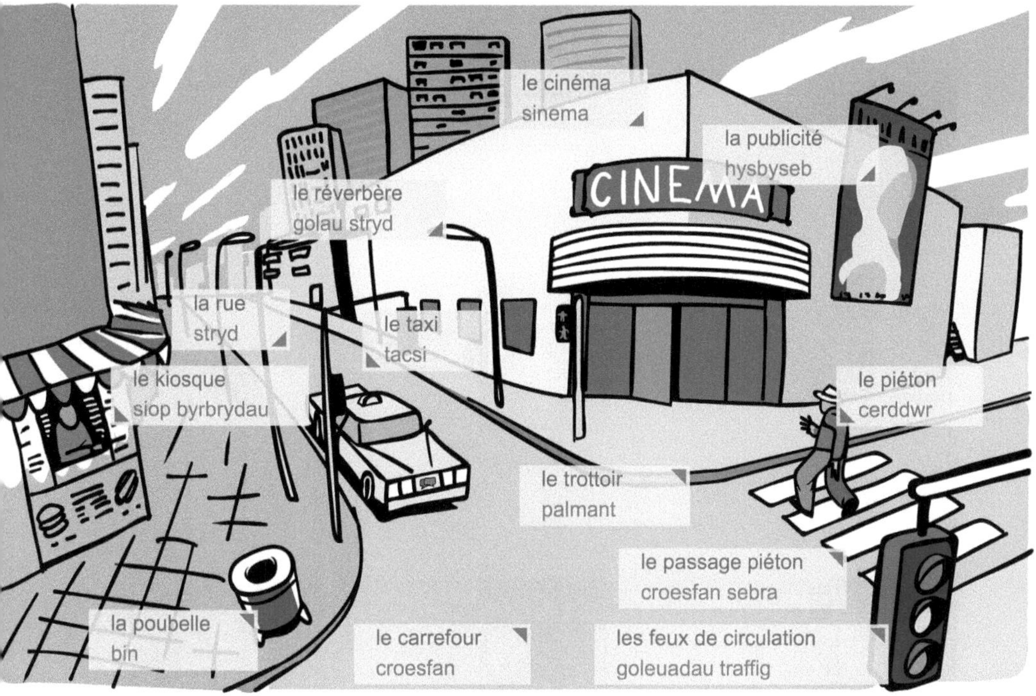
le cinéma
sinema
la publicité
hysbyseb
CINEMA
le réverbère
golau stryd
la rue
stryd
le taxi
tacsi
le kiosque
siop byrbrydau
le piéton
cerddwr
le trottoir
palmant
le passage piéton
croesfan sebra
la poubelle
bin
le carrefour
croesfan
les feux de circulation
goleuadau traffig

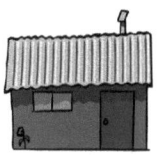

la cabane

cwt

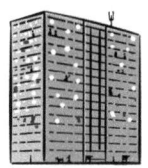

l'appartement

fflat

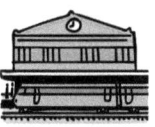

la gare

gorsaf drennau

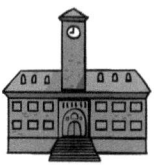

la mairie

neuadd y dref

MUSEUM

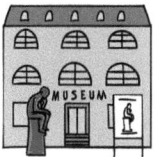

le musée

amgueddfa

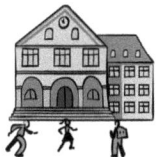

l'école

ysgol

l'université

prifysgol

la banque

banc

l'hôpital

ysbyty

l'hôtel

gwesty

la pharmacie

fferyllfa

le bureau

swyddfa

la librairie

siop lyfrau

le magasin

siop

le fleuriste

siop flodau

le supermarché

archfarchnad

le marché

farchnad

le grand magasin

siop adrannol

la poissonnerie

siop bysgod

le centre commercial

canolfan siopa

le port

harbwr

le parc

parc

la banque

banc

le pont

pont

les escaliers

grisiau

le métro

rheilffordd danddaearol

le tunnel

twnnel

l'arrêt de bus

safle bws

le bar

bar

le restaurant

bwyty

la boîte à lettres

blwch post

le panneau indicateur

arwydd stryd

le parcmètre

mesurydd parcio

le zoo

sŵ

le réverbère

pwll nofio

la mosquée

mosg

la ville - dinas

la ferme

fferm

la pollution

llygredd

la cimetière

mynwent

l'église

eglwys

l'aire de jeux

maes chwarae

le temple

teml

le paysage

tirwedd

la feuille
deilen

le panneau indicateur
arwydd cyfeirio

le chemin
ffordd

le pré
dôl

la pierre
carreg

l'arbre
coeden

le randonneur
heiciwr

la rivière
afon

l'herbe
glaswellt

la fleur
blodyn

la vallée
....
cwm

la montagne
....
bryn

le lac
....
llyn

la forêt
....
coedwig

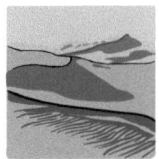

le désert
....
anialwch

le volcan
....
llosgfynydd

le château
....
castell

l'arc-en-ciel
....
enfys

le champignon
....
madarchen

le palmier
....
palmwydden

le moustique
....
mosgito

la mouche
....
pryf

les fourmis
....
morgrugyn

l'abeille
....
gwenyn

l'araignée
....
pryf copyn

le coléoptère

chwilen

la grenouille

llyffant

l'écureuil

gwiwer

le hérisson

draenog

le lièvre

ysgyfarnog

la chouette

tylluan

l'oiseau

aderyn

le cygne

alarch

le sanglier

baedd

le cerf

carw

l'élan

elc

le barrage

argae

l'éolienne

tyrbin gwynt

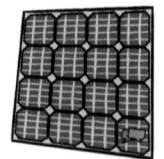

le panneau solaire

panel haul

le climat

hinsawdd

le restaurant

bwyty

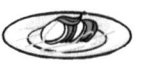

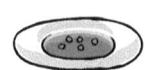

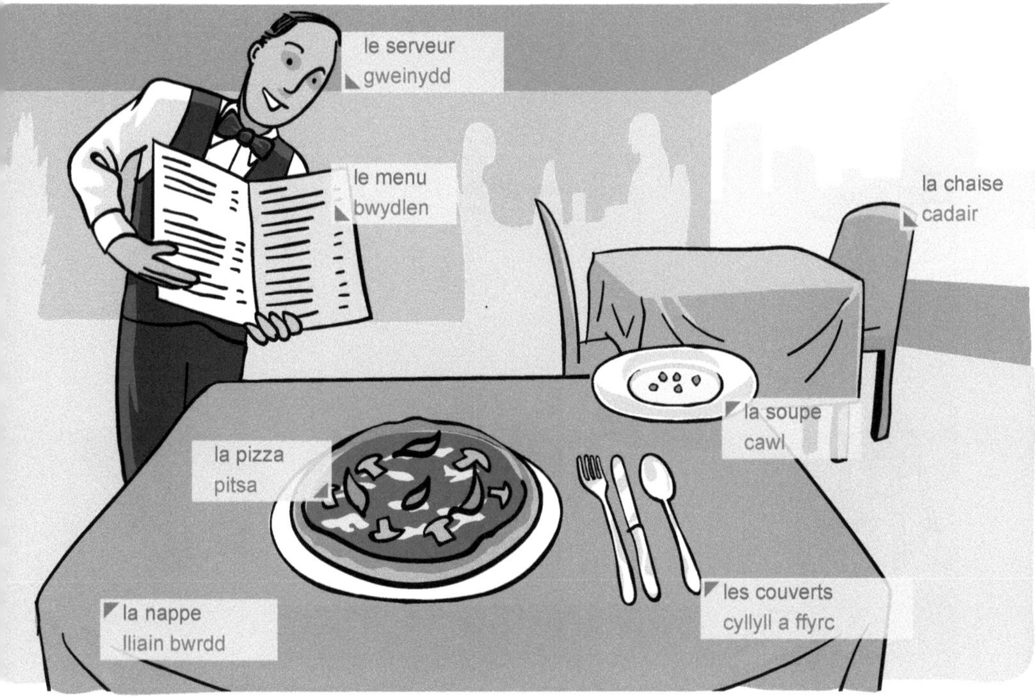
le serveur
gweinydd
le menu
bwydlen
la chaise
cadair
la soupe
cawl
la pizza
pitsa
les couverts
cyllyll a ffyrc
la nappe
lliain bwrdd

les hors d'œuvre

cwrs cyntaf

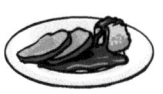

le plat principal

prif gwrs

le dessert

pwdin

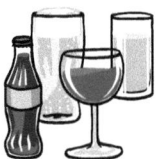

les boissons

diodydd

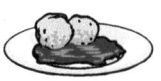

l'alimentation

bwyd

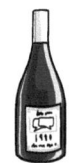

la bouteille

potel

le fast-food

bwyd cyflym

les plats à emporter

bwyd y stryd

la théière

tebot

le sucrier

powlen siwgr

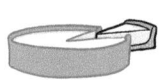

la portion

dogn

la machine à expresso

peiriant espresso

la chaise haute

cadair plentyn

la facture

bil

le plateau

hambwrdd

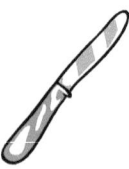

le couteau

cyllell

la fourchette

fforc

la cuillère

llwy

la cuillère à thé

llwy de

la serviette

napcyn

le verre

gwydr

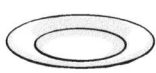

l'assiette
plât

l'assiette à soupe
plât cawl

la soucoupe
soser

la sauce
saws

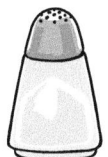

la salière
pot halen

le moulin à poivre
melin bupur

le vinaigre
finegr

l'huile
olew

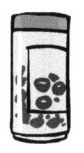

les épices
sbeisys

le ketchup
saws coch

la moutarde
mwstard

la mayonnaise
mayonnaise

le supermarché
archfarchnad

l'offre promotionnelle
cynnig arbennig
FOR
le client
cwsmer
les produits laitiers
cynnyrch llaeth
les fruits
ffrwythau
le chariot
troli

BUTCHERS

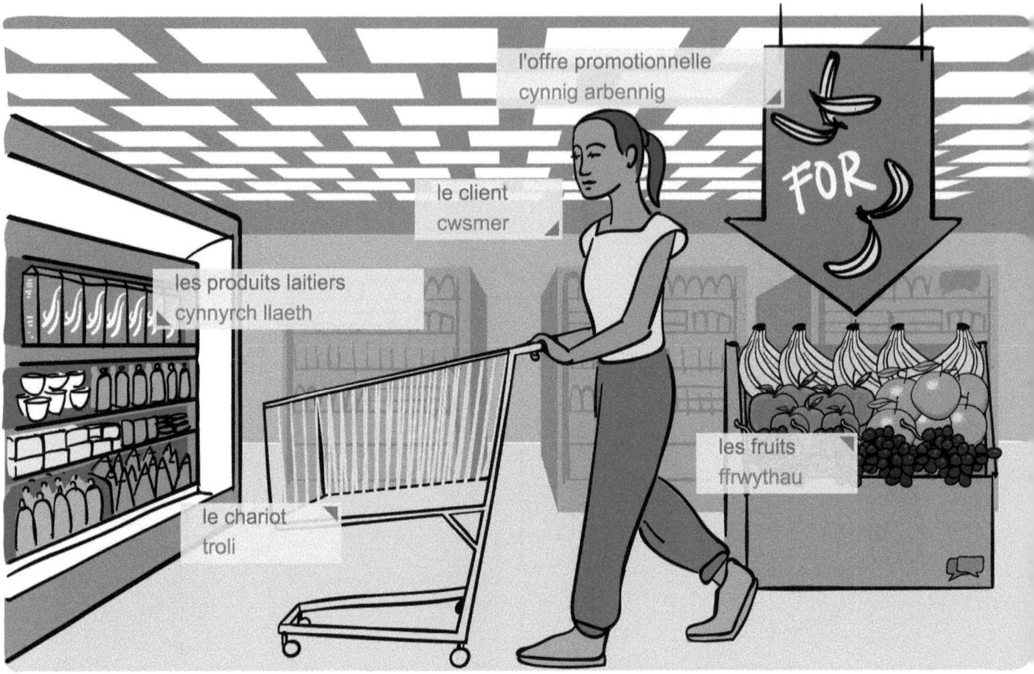

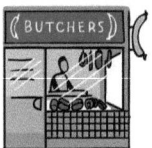

la boucherie

siop gig

BAKERY

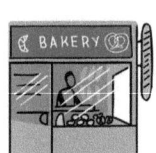

la boulangerie

siop fara

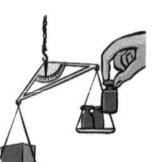

peser

pwyso

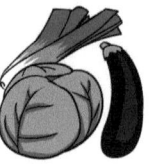

les légumes

llysiau

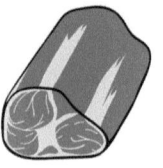

la viande

cig

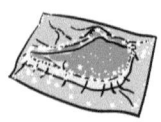

les aliments surgelés

Bwyd wedi'i rewi

la charcuterie

cig oer

les conserves

bwyd tun

la poudre à lessive

powdr golchi

les bonbons

da-da

les articles ménagers

cynnyrch cartref

les détergents

cynhyrchion glanhau

la vendeuse

gwerthwraig

la caisse

til

le caissier

ariannwr

la liste d'achats

rhestr siopa

les heures d'ouverture

oriau agor

le portefeuille

waled

la carte de crédit

cerdyn credyd

le sac

bag

le sac en plastique

bag plastig

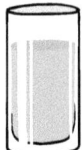

l'eau

dŵr

le jus de fruit

sudd

le lait

llefrith

le coca

côc

le vin

gwin

la bière

cwrw

l'alcool

alcohol

le chocolat chaud

coco

le thé

te

le café

coffi

l'expresso

espresso

le cappuccino

cappuccino

la banane

banana

la pomme

afal

l'orange

oren

le melon

melon

le citron.

lemwn

la carotte

moronen

l'ail

garlleg

le bambou

bambŵ

l'oignon

nionyn

le champignon

madarchen

les noisettes

cnau

les pâtes

nwdls

les spaghetti

sbageti

le riz

reis

la salade

salad

les pommes frites

sglodion

les pommes de terre rôties

tatws wedi'u ffrïo

la pizza

pitsa

le hamburger

hambyrger

le sandwich

brechdan

l'escalope

cytled

le jambon

ham

le salami

salami

la saucisse

selsig

le poulet

cyw iâr

le rôti

rhost

le poisson

pysgodyn

les flocons d'avoine

ceirch uwd

le muesli

miwsli

les cornflakes

creision ŷd

la farine

blawd

le croissant

croissant

les petits-pains

bynsen

le pain

bara

le pain grillé

tost

les biscuits

bisgedi

le beurre

menyn

le fromage blanc

ceuled

le gâteau

teisen

l'œuf

wy

l'œuf au plat

wy wedi'i ffrïo

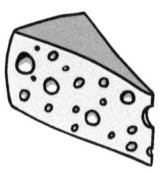

le fromage

caws

la glace

hufen iâ

le sucre

siwgr

le miel

mêl

la confiture

jam

la crème nougat

siocled taenu

le curry

cyri

la ferme
fferm

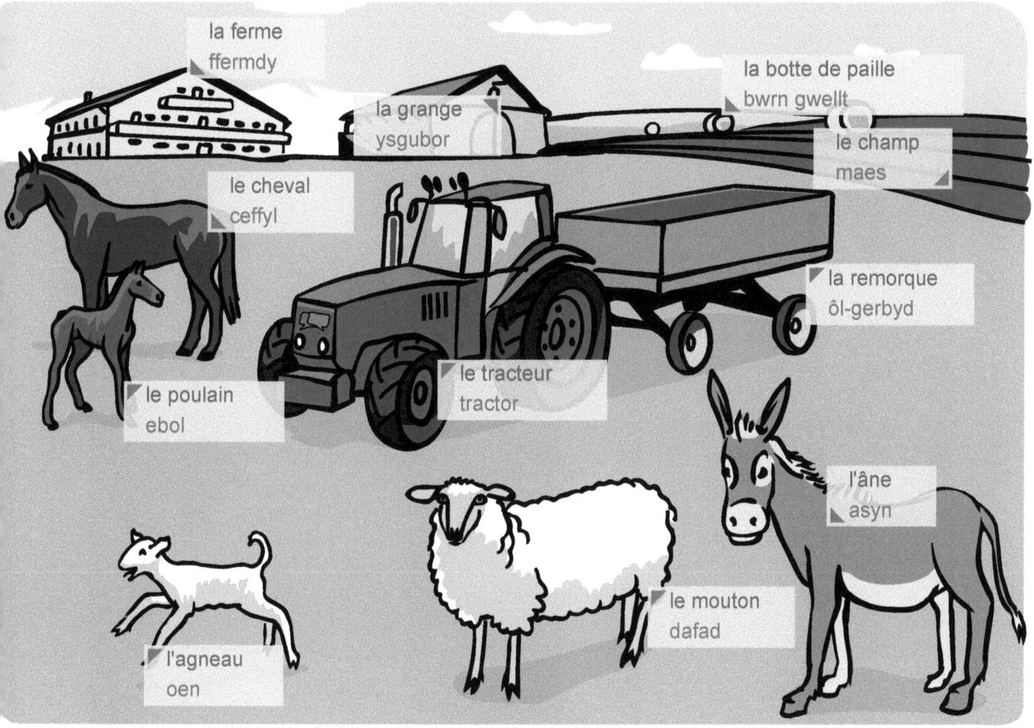
la ferme
ffermdy
la grange
ysgubor
la botte de paille
bwrn gwellt
le champ
maes
le cheval
ceffyl
la remorque
ôl-gerbyd
le tracteur
tractor
le poulain
ebol
l'âne
asyn
le mouton
dafad
l'agneau
oen

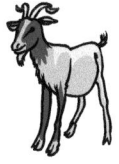

la chèvre

gafr

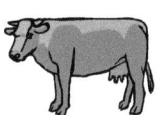

la vache

buwch

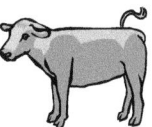

le veau

llo

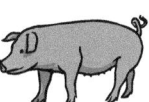

le porc

mochyn

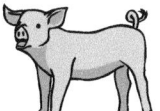

le porcelet

porchell

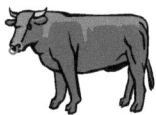

le taureau

tarw

l'oie

gwydd

le canard

hwyaden

le poussin

cyw

la poule

iâr

le coq

ceiliog

le rat

llygoden fawr

le chat

cath

la souris

llygoden

le bœuf

ych

le chien

ci

le chenil

cwt ci

le tuyau de jardin

pibell ddŵr

l'arrosoir

can dŵr

la faucheuse

pladur

la charrue

aradr

la faucille

cryman

la pioche

fforch chwynu

la fourche

picwarch

la hache

bwyell

la brouette

berfa

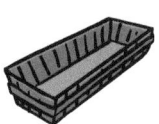

la cuve

cafn

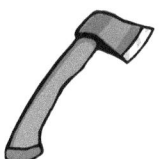

le pot à lait

tun llefrith

le sac

sach

la clôture

ffens

l'étable

stabl

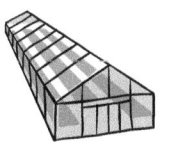

le serre

tŷ gwydr

le sol

pridd

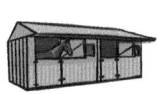

les semences

hedyn

l'engrais

gwrtaith

la moissonneuse-batteuse

dyrnwr medi

récolter

cynaeafu

la récolte

cynhaeaf

l'igname

iamau

le blé

gwenith

le soja

soi

la pomme de terre

tysen

le maïs

grawn

le colza

had rêp

l'arbre fruitier

coeden ffrwythau

le manioc

manioc

les céréales

grawnfwydydd

la maison

tŷ

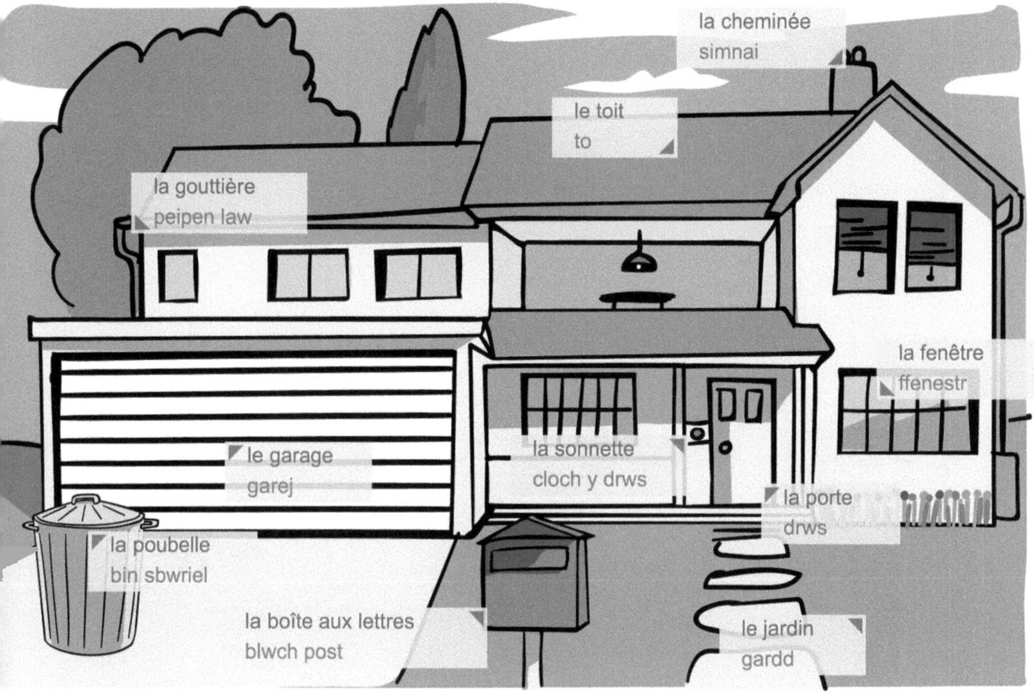
la cheminée
simnai
le toit
to
la gouttière
peipen law
la fenêtre
ffenestr
le garage
garej
la sonnette
cloch y drws
la porte
drws
la poubelle
bin sbwriel
la boîte aux lettres
blwch post
le jardin
gardd

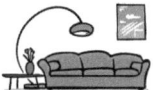

le salon

lolfa

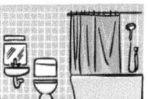

la salle de bain

ystafell ymolchi

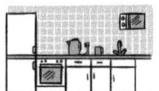

la cuisine

cegin

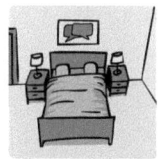

la chambre à coucher

ystafell wely

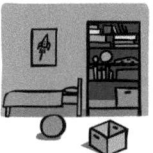

la chambre d'enfant

ystafell plentyn

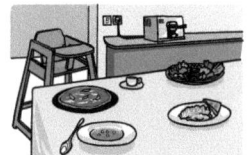

la salle à manger

ystafell fwyta

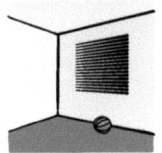

le sol

llawr

le mur

wal

le plafond

nenfwd

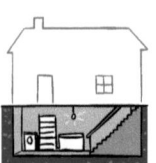

la cave

seler

le sauna

sawna

le balcon

balconi

la terrasse

teras

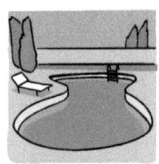

la piscine

pwll

la tondeuse à gazon

peiriant torri gwair

la housse

taflen

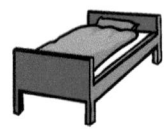

la couette

gorchudd gwely

le lit

gwely

le balai

ysgub

le sceau

bwced

l'interrupteur

swits

le salon
lolfa

le papier peint
papur wal
l'image
llun
la lampe
lamp
l'étagère
silff
l'armoire
cwpwrdd
la télé
teledu
la cheminée
lle tân
la fleur
blodyn
le coussin
clustog
le sofa
soffa
le vase
fâs
la télécommande
rheolydd o bell

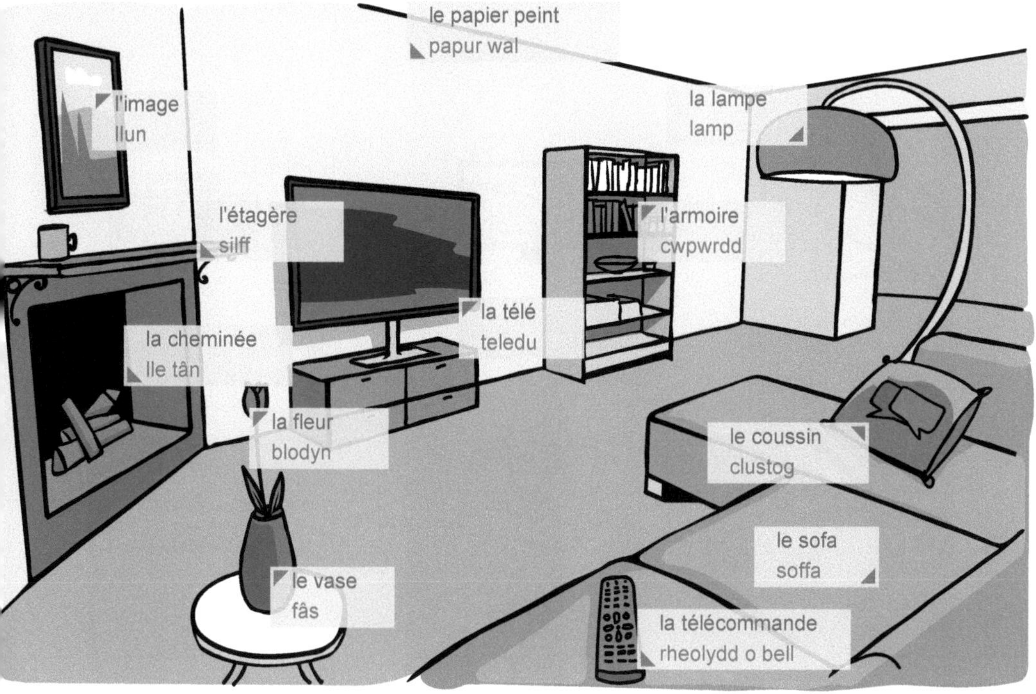

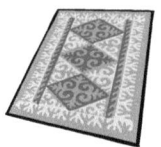

le tapis
carped

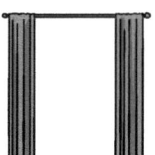

le rideau
llen

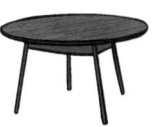

la table
bwrdd

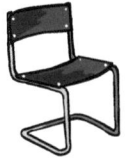

la chaise
cadair

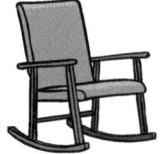

la chaise à bascule
cadair siglo

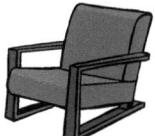

le fauteuil
cadair freichiau

le livre

llyfr

la couverture

blanced

la décoration

addurn

le bois de chauffage

coed tân

le film

ffilm

la chaîne hi-fi

hi-fi

la clé

agoriad

le journal

papur newydd

la peinture

darlun

le poster

poster

la radio

radio

le bloc-notes

llyfr nodiadau

l'aspirateur

hwfer

le cactus

cactws

la bougie

cannwyll

le réfrigérateur
oergell

le four à micro-ondes
popty micro-don

la balance de cuisine
clorian gegin

le grille-pain
tostiwr

le détergent
gwlybwr

le four
popty

le compartiment congélateur
rhewgist

la poubelle
bin sbwriel

le lave-vaisselle
peiriant golchi llestri

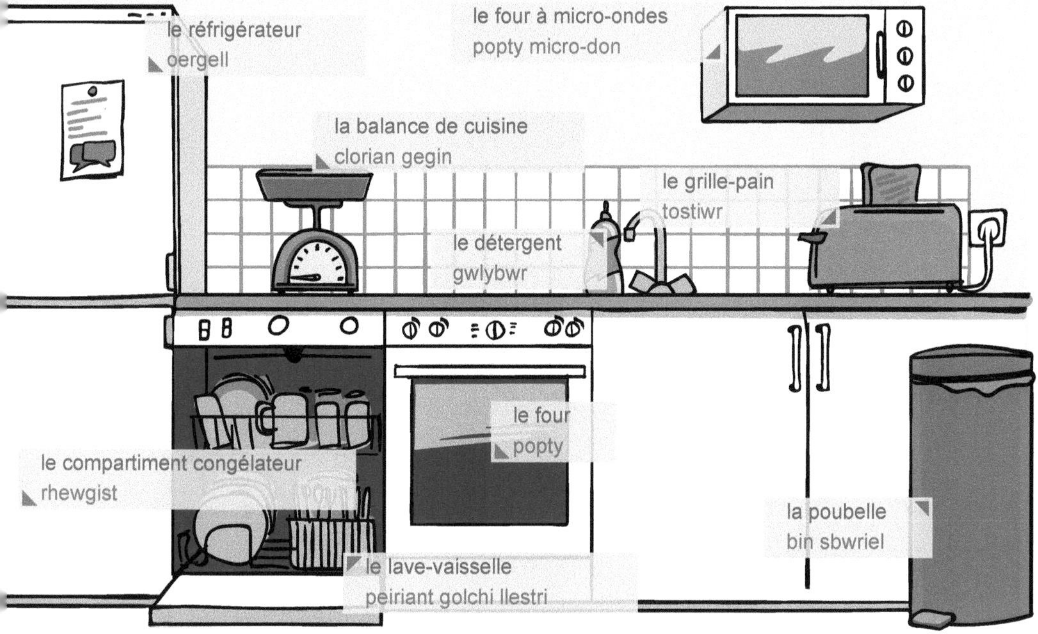

le four

popty

la casserole

pot

la marmite

pot haearn bwrw

le wok / kadai

wok / kadai

la poêle

padell

le wok / kadai

la bouilloire electrique

tegell

le cuiseur vapeur

sosban stemio

la plaque de cuisson

hambwrdd pobi

la vaisselle

llestri

le gobelet

mwg

la coupe

powlen

les baguettes

gweill bwyta

la louche

lletwad

la spatule

ysbodol

le fouet

chwisg

la passoire

hidlydd

le tamis

gogr

la râpe

gratiwr

le mortier

morter

le barbecue

barbeciw

la cheminée

tân agored

la planche à découper

bwrdd torri cig

le rouleau à pâtisserie

rholbren

le tire-bouchon

tynnwr corcyn

la boîte

tun

l'ouvre-boîte

peth agor tuniau

les maniques

clwt pot

le lavabo

sinc

la brosse

brws

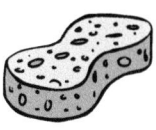

l'éponge

sbwng

le mixeur

peiriant cymysgu

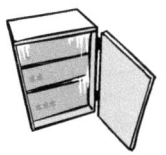

le congélateur

rhewgell

le biberon

potel babi

le robinet

tap

la salle de bain
ystafell ymolchi

la douche
cawod
le chauffage
gwres
la serviette
tywel
le rideau de douche
llen gawod
le bain moussant
baddon ewyn
la baignoire
baddon
le verre
gwydr
la machine à laver
peiriant golchi
le robinet
tap
le carrelage
teils
le pot
potyn
le lavabo
sinc

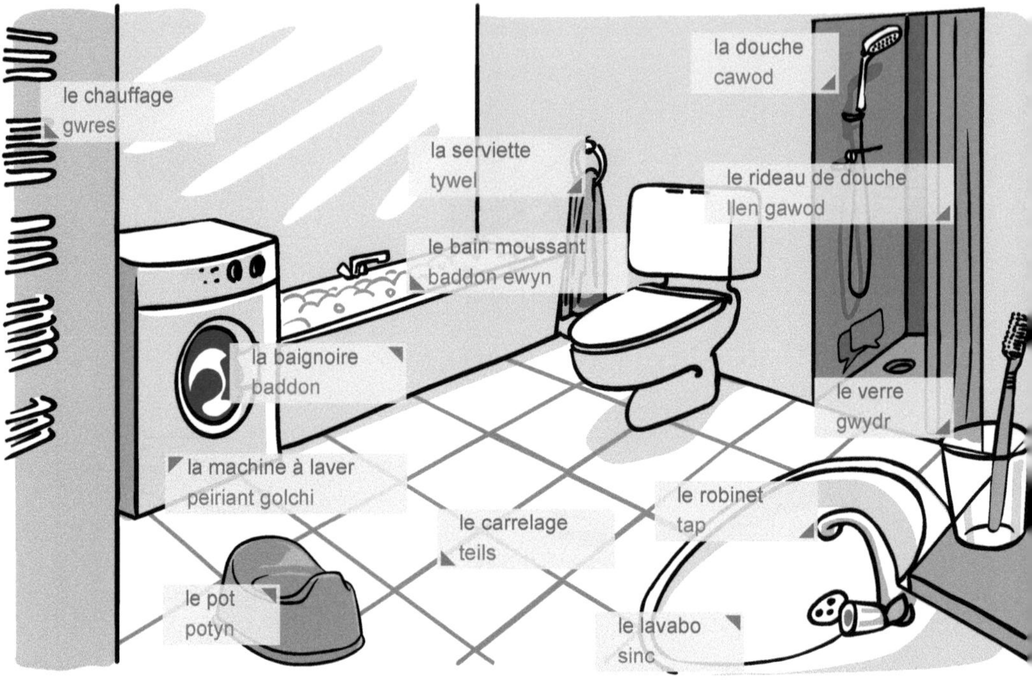

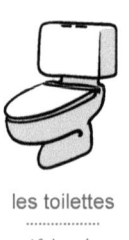

les toilettes

tŷ bach

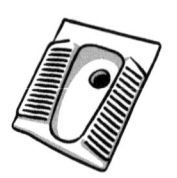

la toilette à la turque

toiled cyrcydu

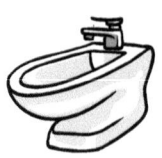

le bidet

bidet

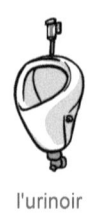

l'urinoir

troethfa

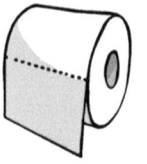

le papier toilette

papur tŷ bach

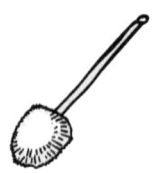

la brosse à toilette

brws tŷ bach

la brosse à dents

brws dannedd

le dentifrice

past dannedd

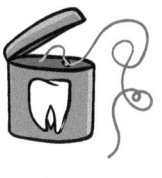

le fil dentaire

edau ddannedd

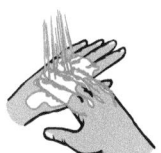

laver

golchi

la douche manuelle

cawod llaw

la douche intime

golchfa

la vasque

basn

la brosse dorsale

brws-ôl

le savon

sebon

le gel douche

gel cawod

le shampooing

siampŵ

le gant de toilette

gwlanen

l'écoulement

ffos

la crème

hufen

le déodorant

diaroglydd

le miroir

drych

le miroir cosmétique

drych llaw

le rasoir

rasel

la mousse à raser

ewyn eillio

l'après-rasage

sent eillio

la peigne

crib

la brosse

brws

le sèche-cheveux

sychwr gwallt

la laque pour cheveux

chwistrell gwallt

le fond de teint

colur

le rouge à lèvres

minlliw

le vernis à ongles

farnais ewinedd

l'ouate

gwlân cotwm

le coupe-ongles

siswrn ewinedd

le parfum

persawr

la trousse de toilette

bag ymolchi

le tabouret

stôl

le pèse-personne

clorian

le peignoir

gŵn baddon

les gants de nettoyage

menig rwber

le tampon

tampon

les serviettes hygiéniques

tywel misglwyf

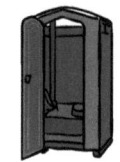

la toilette chimique

toiled cemegol

la chambre d'enfant
ystafell plentyn

le réveil
cloc larwm
le doudou
tegan anwes
la voiture jouet
car tegan
le hochet
cleciwr
la maison de poupée
tŷ dol
le cadeau
anrheg

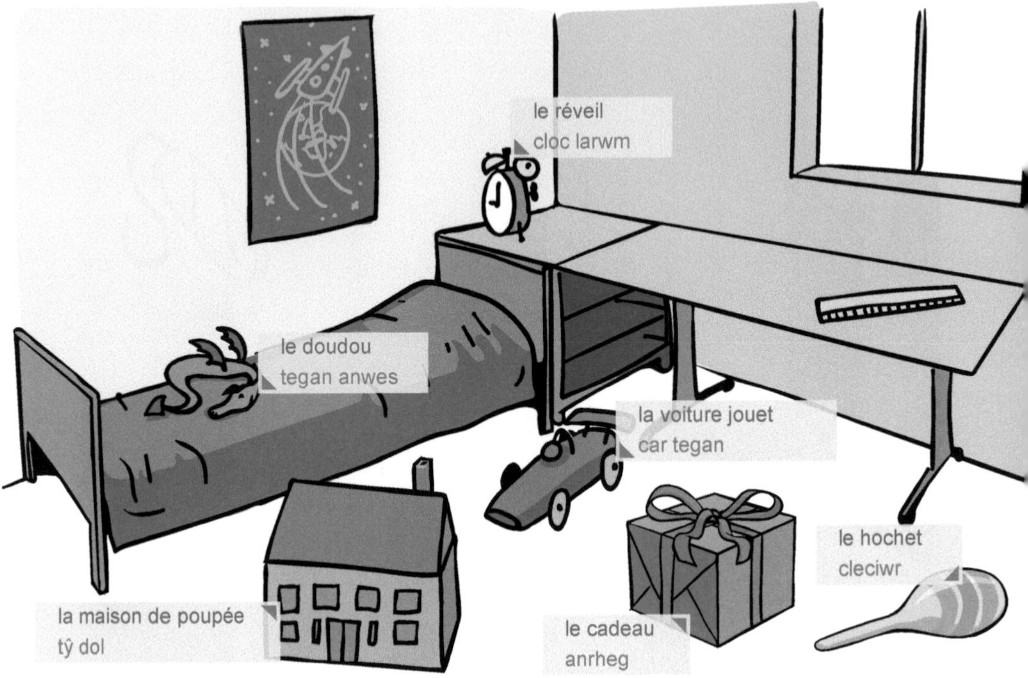

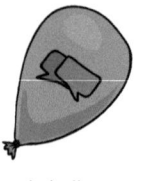

le ballon

balŵn

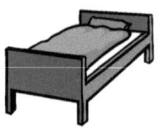

le lit

gwely

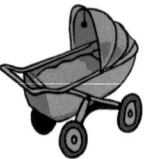

la poussette

pram

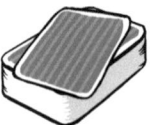

le jeu de cartes

pecyn o gardiau

le puzzle

jig-so

SUPER MEGA

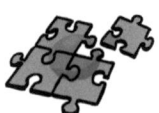

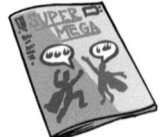

la bande dessinée

comic

les pièces lego

brics Lego

les blocs de construction

blociau adeiladu

la figurine

ffigur gweithredu

la grenouillère

babygro

le frisbee

ffrisbi

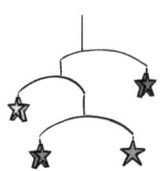

le mobile

symudyn

le jeu de société

gêm fwrdd

le dé

deis

le train miniature

set model trên

la sucette

teth lwgu

la fête

parti

le livre d'images

llyfr lluniau

la balle

pêl

la poupée

dol

jouer

chwarae

le bac à sable

pwll tywod

la balançoire

swing

les jouets

teganau

la console de jeu

consol gemau fideo

le tricycle

beic tair olwyn

l'ours en peluche

tedi

l'armoire

cwpwrdd dillad

les vêtements

dillad

les chaussettes

hosanau

les bas

hosanau

le collant

teits

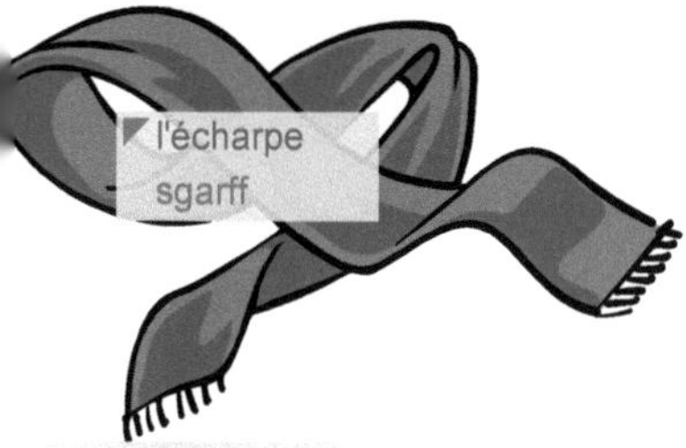

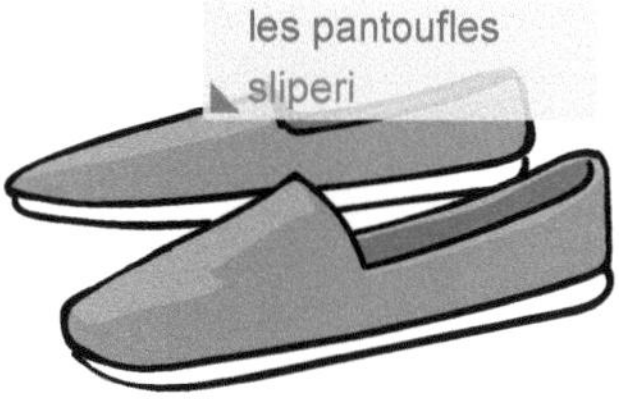

l'écharpe
sgarff

le parapluie
ymbarél

le t-shirt
crys-t

la ceinture
gwregys

les bottes
esgidiau

les pantoufles
sliperi

les baskets
esidiau ymarfer

les sandales
sandalau

les chaussures
esgidiau

les bottes de caoutchouc
esgidiau rwber

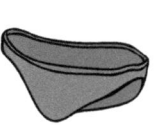

les sous-vêtements
trôns

le soutien-gorge
bra

le maillot de corps
fest

le body

corff

le pantalon

trowsus

le jean

jîns

la jupe

sgert

le chemisier

blows

la chemise

crys

le pull

pwlofer

le sweat à capuche

hwdi

la veste

blaser

la veste

siaced

le manteau

côt

l'imperméable

côt law

le costume

gwisg

la robe

gŵn

la robe de mariée

gwisg briodas

le costume
siwt

la chemise de nuit
gŵn nos

le pyjama
pyjamas

le sari
sari

le foulard
sgarff pen

le turban
tyrban

la burqa
bwrca

le caftan
cafftan

l'abaya
abaya

le maillot de bain
gwisg nofio

le maillot de bain
trowsus nofio

le short
siorts

la tenue d'entraînement
tracwisg

le tablier
ffedog

les gants
menig

les vêtements - dillad

le bouton

botwm

les lunettes

sbectol

le bracelet

breichled

le collier

cadwyn

la bague

modrwy

la boucle d'oreille

clustdlws

le bonnet

cap

le cintre

cambren

le chapeau

het

la cravate

tei

la fermeture éclair

sip

le casque

helmed

les bretelles

fframiau danedd

l'uniforme scolaire

gwisg ysgol

l'uniforme

gwisg

le bavoir
bib

la sucette
teth lwgu

la lange
cewyn

le bureau
swyddfa

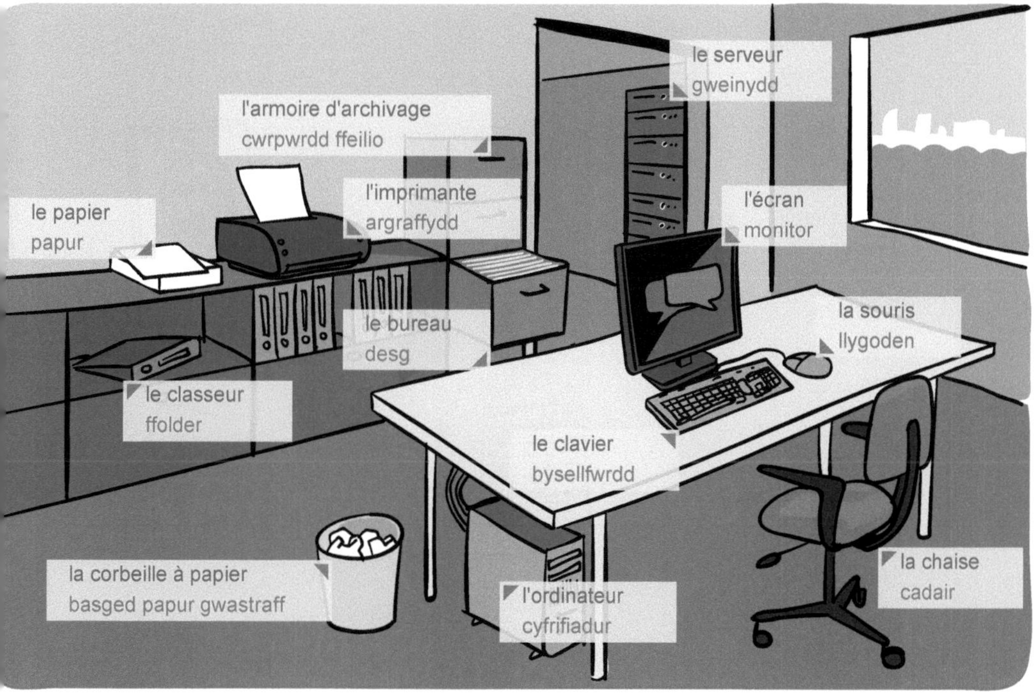

le serveur
gweinydd

l'armoire d'archivage
cwrpwrdd ffeilio

l'imprimante
argraffydd

l'écran
monitor

le papier
papur

le bureau
desg

la souris
llygoden

le classeur
ffolder

le clavier
bysellfwrdd

la chaise
cadair

la corbeille à papier
basged papur gwastraff

l'ordinateur
cyfrifiadur

la tasse de café
mwg coffi

la calculatrice
cyfrifiannell

l'internet
rhyngrwyd

l'ordinateur portable

gliniadur

la lettre

llythyr

le message

neges

le portable

ffôn symudol

le réseau

rhwydwaith

la photocopieuse

llungopïwr

le logiciel

meddalwedd

le téléphone

teleffon

la prise

soced plwg

le fax

peiriant ffacs

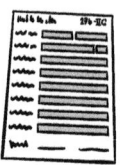

le formulaire

ffurflen

le document

dogfen

acheter

prynu

payer

talu

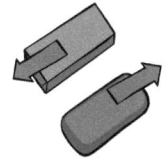

faire du commerce

masnachu

la monnaie

arian

le dollar

doler

l'euro

ewro

le yen

yen

le rouble

rwbl

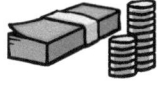

le franc suisse

ffranc y Swistir

le renminbi yuan

yuan renminbi

la roupie

rwpi

le distributeur automatique

peiriant arian

le bureau de change

swyddfa gyfnewid

l'or

aur

l'argent

arian

le pétrole

olew

l'énergie

ynni

le prix

pris

le contrat

contract

la taxe

treth

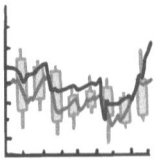

l'action

stoc

travailler

gweithio

l'employé

cyflogai

l'employeur

cyflogwr

l'usine

ffatri

le magasin

siop

l'agent de police
swyddog heddlu

le pompier
diffoddwr tân

le cuisinier
cogydd

le médecin
meddyg

le pilote
peilot

le jardinier

garddwr

le menuisier

saer

la couturière

gwniadwraig

le juge

barnwr

le chimiste

fferyllydd

l'acteur

actor

le conducteur de bus

gyrrwr bws

le chauffeur de taxi

gyrrwr tacsi

le pêcheur

pysgotwr

la femme de ménage

glanhawraig

le couvreur

töwr

le serveur

gweinydd

le chasseur

heliwr

le peintre

paentiwr

le boulanger

pobydd

l'électricien

trydanwr

l'ouvrier

adeiladwr

l'ingénieur

peiriannydd

le boucher

cigydd

le plombier

plymiwr

le facteur

dyn y post

le soldat
milwr

l'architecte
pensaer

le caissier
ariannwr

le fleuriste
gwerthwr blodau

le coiffeur
triniwr gwallt

le contrôleur
archwiliwr tocynnau
rheilffordd

le mécanicien
mecanydd

le capitaine
capten

le dentiste
deintydd

le scientifique
gwyddonydd

le rabbin
rabi

l'imam
imam

le moine
mynach

le prêtre
clerigwr

les professions - swyddi

les outils
offer

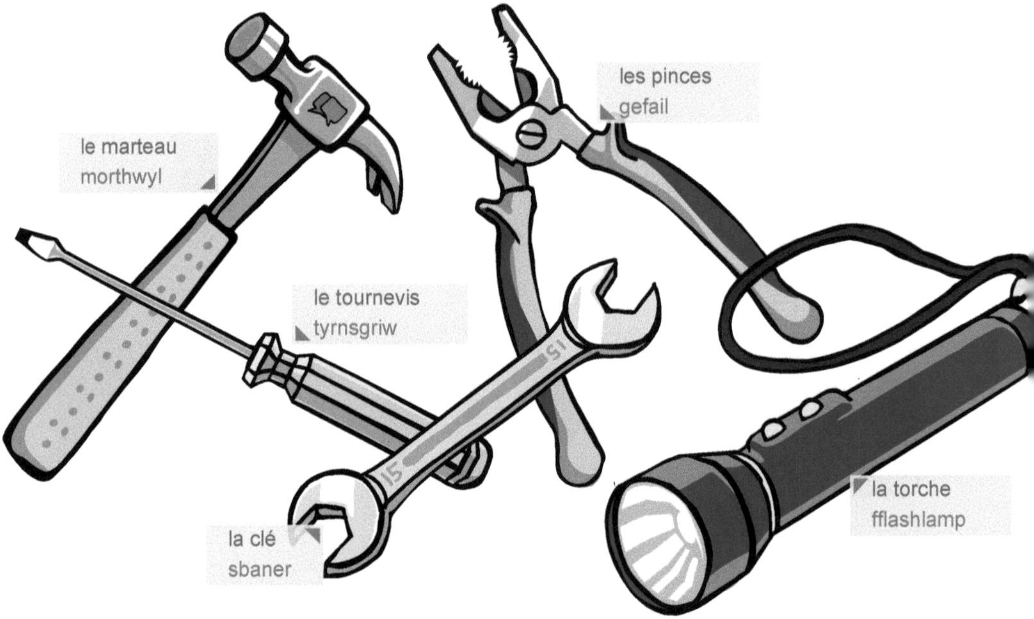
les pinces
gefail
le marteau
morthwyl
le tournevis
tyrnsgriw
la clé
sbaner
la torche
fflashlamp

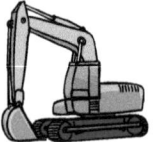

la pelleteuse

turiwr

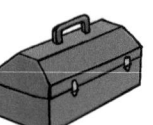

la boîte à outils

blwch offer

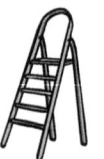

l'échelle

ysgol

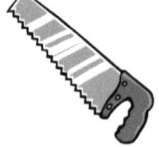

la scie

llif

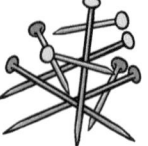

les clous

hoelion

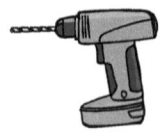

la perceuse

dril

réparer

trwsio

la pelle

rhaw

Mince !

Daria!

la pelle

rhaw lwch

le pot de peinture

pot paent

les vis

sgriwiau

les instruments de musique
offerynnau cerdd

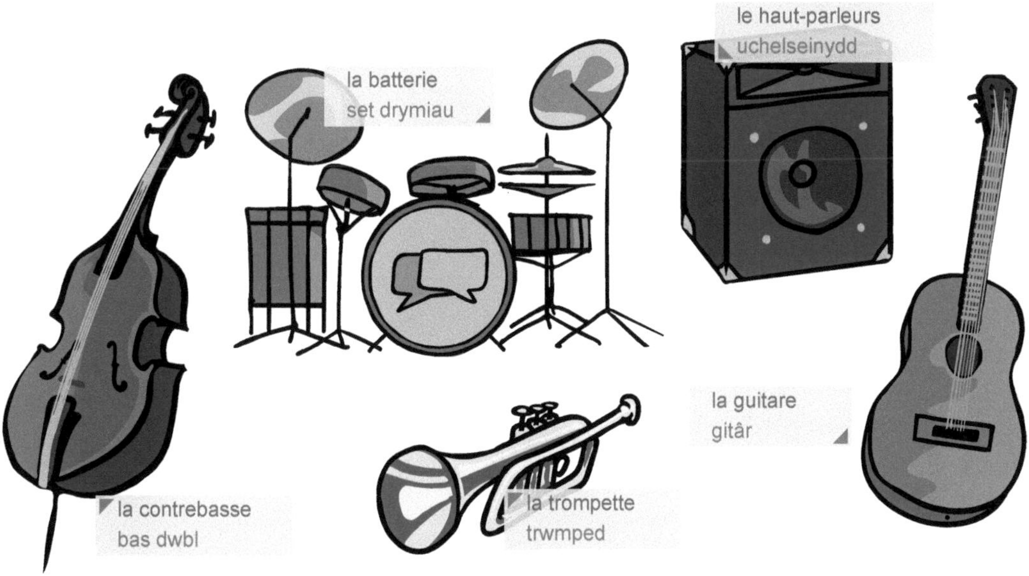

la batterie
set drymiau

le haut-parleurs
uchelseinydd

la guitare
gitâr

la contrebasse
bas dwbl

la trompette
trwmped

le piano

piano

le violon

ffidil

la basse

bas

les timbales

timpani

le tambour

drymiau

le piano électrique

cyweirfwrdd

le saxophone

sacsoffon

la flûte

ffliwt

le microphone

meicroffon

le zoo

sŵ

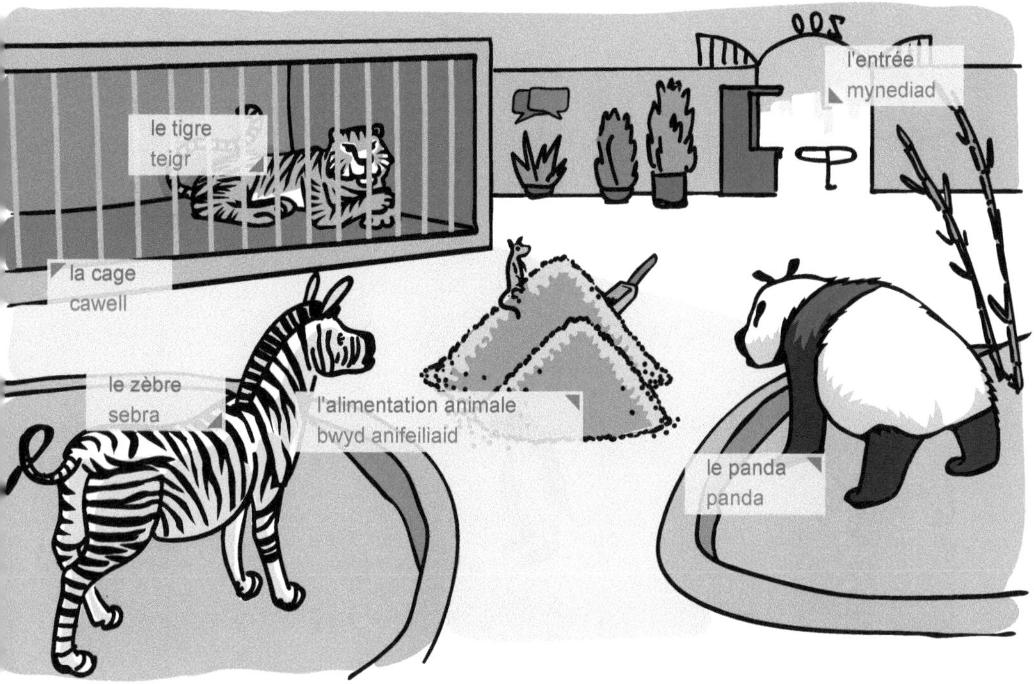

zoo
l'entrée
mynediad
le tigre
teigr
la cage
cawell
le zèbre
sebra
l'alimentation animale
bwyd anifeiliaid
le panda
panda

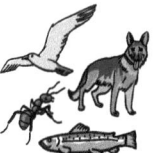

les animaux

anifeiliaid

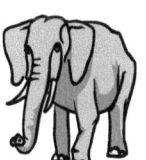

l'éléphant

eliffant

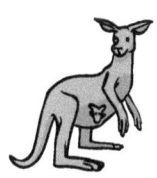

le kangourou

cangarŵ

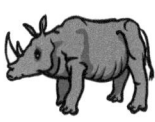

le rhinocéros

rhinoseros

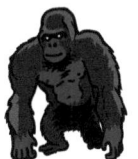

le gorille

gorila

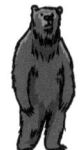

l'ours

arth

le chameau

camel

l'autruche

estrys

le lion

llew

le singe

mwnci

le flamand rose

fflamingo

le perroquet

parot

l'ours polaire

arth wen

le pingouin

pengwin

le requin

siarc

le paon

paun

le serpent

neidr

le crocodile

crocodeil

le gardien de zoo

gofalwr sŵ

le phoque

morlo

le jaguar

jagwar

le poney

merlyn

le léopard

llewpard

l'hippopotame

hipo

la girafe

jiráff

l'aigle

eryr

le sanglier

baedd

le poisson

pysgodyn

la tortue

crwban

le morse

walrws

le renard

llwynog

la gazelle

gafrewig

l'american Football
pêl-droed America

le cyclisme
beicio

le tennis
tennis

le basket-ball
pêl-fasged

la natation
nofio

le hockey sur glace
hoci iâ

la boxe
bocsio

le football
pêl-droed

le badminton
badminton

l'athlétisme
athletau

le handball
pêl-law

le ski
sgïo

le polo
polo

les activités
gweithgareddau

rire
chwerthin
sauter
neidio
embrasser
cofleidio
marcher
cerdded
chanter
canu
rêver
breuddwydio
prier
gweddïo
faire la bise
cusanu

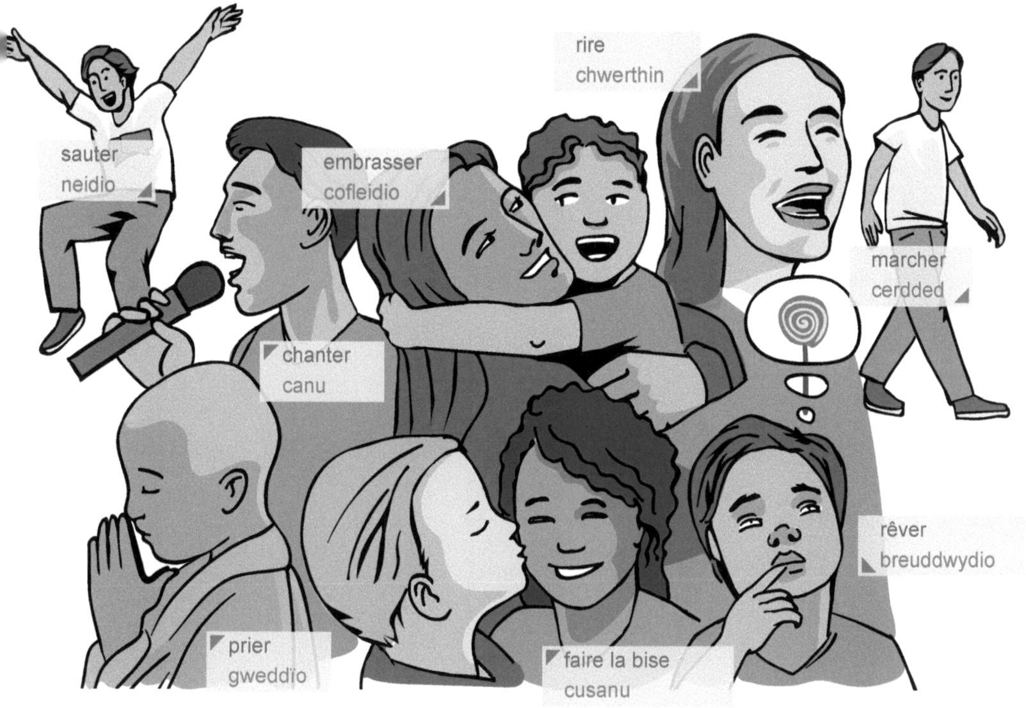

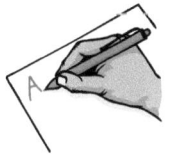

écrire

ysgrifennu

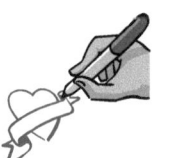

dessiner

arlunio

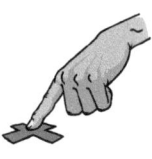

montrer

dangos

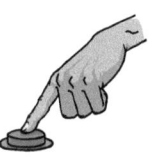

pousser

gwthio

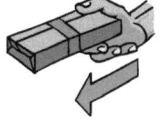

donner

rhoi

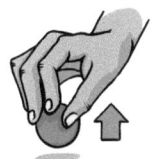

prendre

cymryd

avoir

bod gan

faire

gwneud

être

bod

être debout

sefyll

courir

rhedeg

trier

tynnu

jeter

taflu

tomber

disgyn

être couché

gorwedd

attendre

aros

porter

cario

être assis

eistedd

s'habiller

gwisgo amdanoch

dormir

cysgu

se réveiller

deffro

regarder

edrych ar

pleurer

crïo

caresser

anwesu

peigner

cribo

parler

siarad

comprendre

deall

demander

gofyn

écouter

gwrando

boire

yfed

manger

bwyta

ranger

tacluso

aimer

caru

cuire

coginio

conduire

gyrru

voler

hedfan

faire de la voile

hwylio

calculer

cyfrifo

lire

darllen

apprendre

dysgu

travailler

gweithio

se marier

priodi

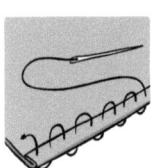

coudre

gwnïo

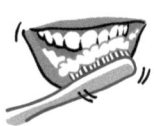

brosser les dents

brwsio dannedd

tuer

lladd

fumer

ysmygu

envoyer

anfon

la famille
teulu

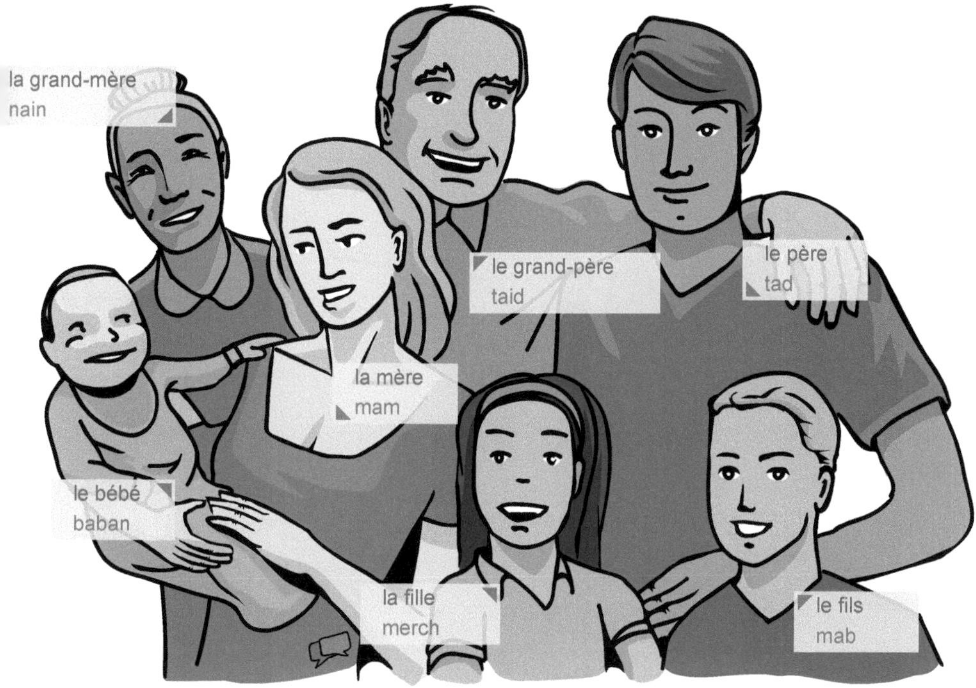

la grand-mère
nain
le grand-père
taid
le père
tad
la mère
mam
le bébé
baban
la fille
merch
le fils
mab

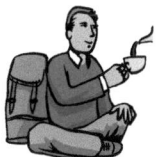

l'hôte
gwestai

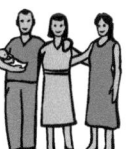

la tante
modryb

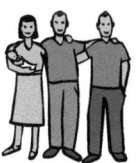

l'oncle
ewythr

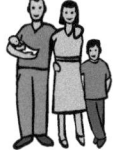

le frère
brawd

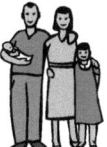

la sœur
chwaer

le corps
corff

le front
talcen
l'œil
llygad
l'épaule
ysgwydd
le doigt
bys
le visage
wyneb
le menton
gên
la main
llaw
la jambe
coes
la poitrine
bron
le bras
braich

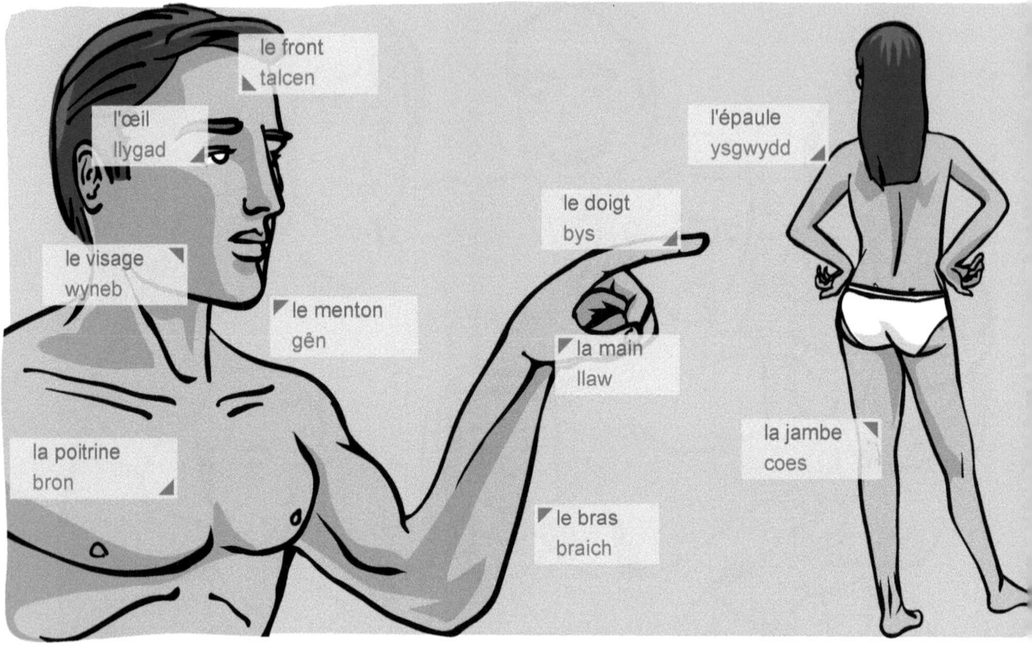

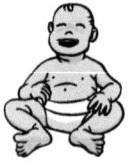

le bébé

baban

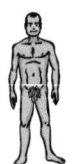

l'homme

dyn

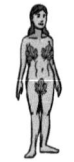

la femme

gwraig

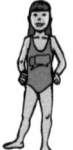

la fille

geneth

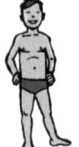

le garçon

bachgen

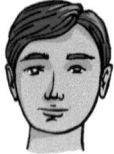

la tête

pen

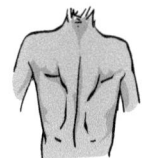

le dos

cefn

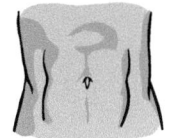

le ventre

bel

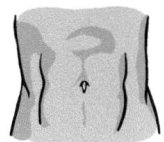

le nombril

bogail

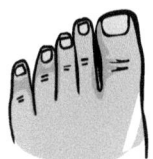

l'orteil

bys troed

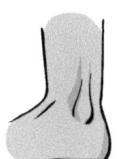

le talon

sawdl

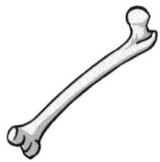

l'os

asgwrn

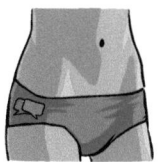

la hanche

clun

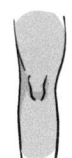

le genou

pen-glin

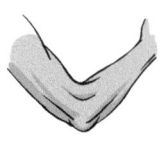

le coude

penelin

le nez

trwyn

les fesses

pen ôl

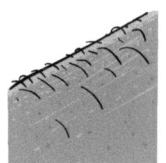

la peau

croen

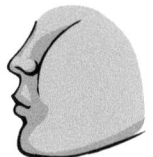

la joue

boch

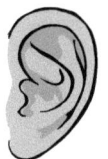

l'oreille

clust

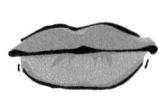

la lèvre

gwefus

le corps - corff

la bouche
ceg

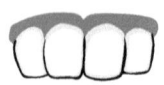

la dent
dant

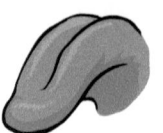

la langue
tafod

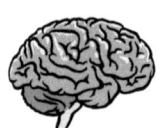

le cerveau
ymennydd

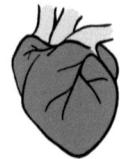

le cœur
calon

le muscle
cyhyr

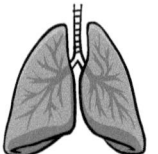

les poumons
ysgyfaint

le foie
iau

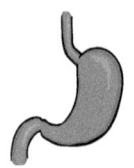

l'estomac
stumog

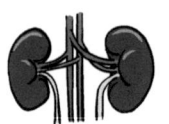

les reins
arennau

le rapport sexuel
rhyw

le préservatif
condom

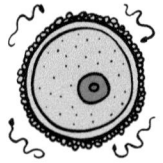

l'ovule
ofwm

le sperme
semen

la grossesse
beichiogrwydd

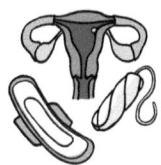

la menstruation

mislif

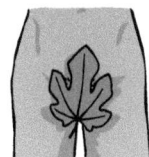

le vagin

fagina

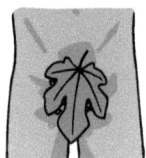

le pénis

pidyn

le sourcil

ael

les cheveux

gwallt

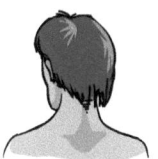

le cou

gwddf

l'hôpital

ysbyty

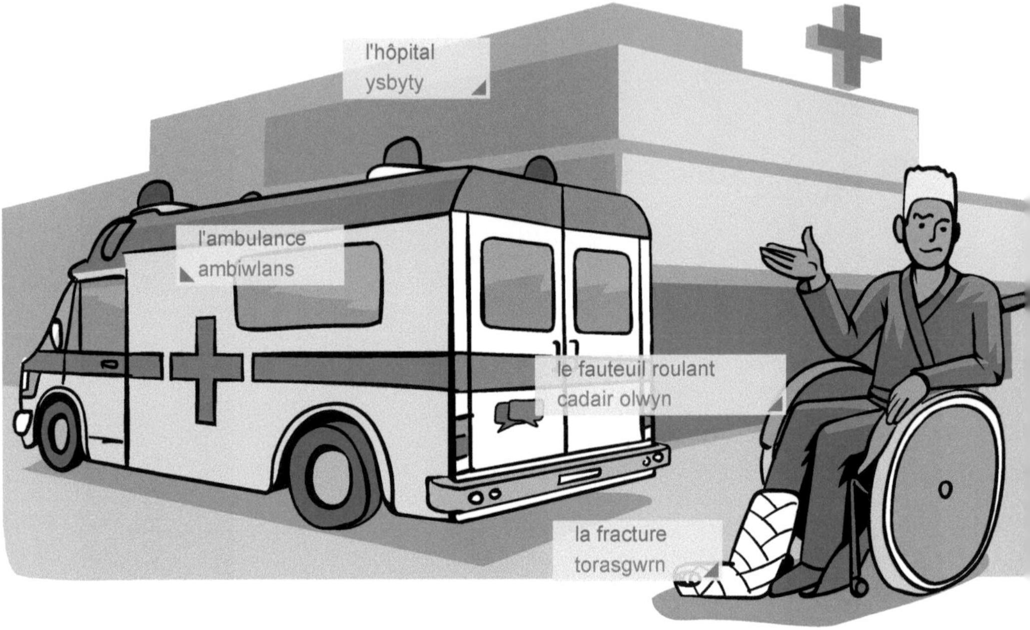

l'hôpital
ysbyty
l'ambulance
ambiwlans
le fauteuil roulant
cadair olwyn
la fracture
torasgwrn

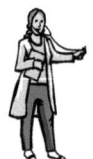

le médecin

meddyg

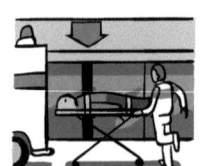

le service des urgences

ystafell argyfwng

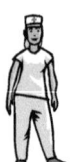

l'infirmière

nyrs

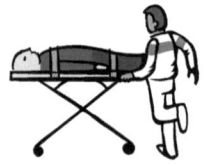

l'urgence

argyfwng

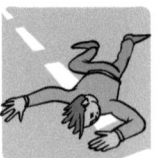

inconscient

anymwybodol

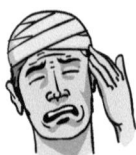

la douleur

poen

la blessure

anaf

l'hémorragie

gwaedu

la crise cardiaque

trawiad ar y galon

l'attaque cérébrale

strôc

l'allergie

alergedd

la toux

peswch

la fièvre

twymyn

la grippe

ffliw

la diarrhée

dolur rhydd

le mal de tête

cur pen

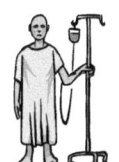

le cancer

canser

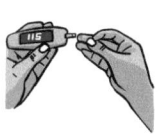

le diabète

diabetes

le chirurgien

llawfeddyg

le scalpel

fflaim

l'opération

gweithrediad

le CT

CT

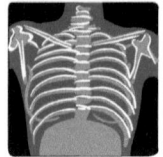

la radiographie

pelydr-x

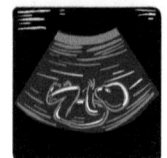

l'échographie

uwchsain

le masque

mwgwd wyneb

la maladie

clefyd

la salle d'attente

ystafell aros

la béquille

bagl

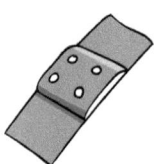

le pansement

plastr

le pansement

rhwymyn

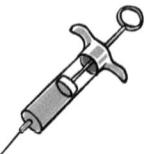

l'injection

pigiad

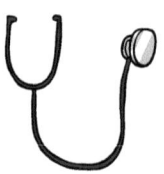

le stéthoscope

stethosgop

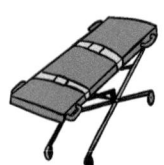

le brancard

elorwely

le thermomètre

thermomedr clinigol

l'accouchement

genedigaeth

la surcharge pondérale

dros bwysau

l'appareil auditif

cymorth clyw

le désinfectant

diheintydd

l'infection

haint

le virus

firws

le VIH / le sida

HIV / AIDS

le médicament

meddygaeth

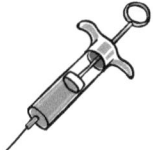

la vaccination

brechiad

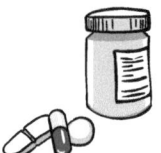

les comprimés

tabledi

la pilule

y bilsen

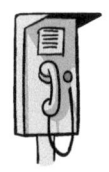

l'appel d'urgence

galwad frys

le tensiomètre

monitor pwysau gwaed

malade / sain

yn sâl / yn iach

l'alarme

larwm

l'assaut

ymosodiad

Au secours !

Help!

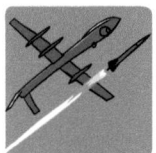

l'attaque

ymosodiad

le danger

perygl

la sortie de secours

allanfa argyfwng

Au feu!

Tân!

l'extincteur

diffoddwr tân

l'accident

damwain

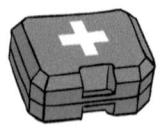

la trousse de premier
secours

pecyn cymorth cyntaf

SOS

SOS

la police

heddlu

l'Europe

Ewrop

l'Amérique du Nord

Gogledd America

l'Amérique du Sud

De America

l'Afrique

Affrica

l'Asie

Asia

l'Australie

Awstralia

l'Océan atlantique

Iwerydd

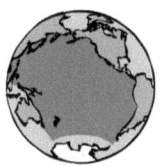

l'Océan pacifique

y Môr Tawel

l'Océan indien

Cefnfor yr India

l'Océan antarctique

Cefnfor yr Antarctig

l'Océan arctique

Cefnfor yr Arctig

le Pôle nord

Pegwn y Gogledd

le Pôle sud

Pegwn y De

l'Antarctique

Antarctica

la terre

y Ddaear

le pays

tir

la mer

môr

l'île

ynys

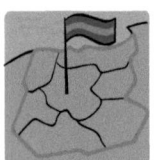

la nation

cenedl

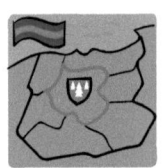

l'état

gwladwriaeth

le cadran

wyneb cloc

l'aiguille des heures

bys awr

l'aiguille des minutes

bys munud

l'aiguille des secondes

bys eiliad

Quelle heure est-il ?

Faint o'r gloch yw hi?

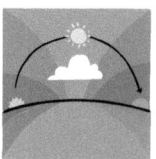

le jour

dydd

le temps

amser

maintenant

yn awr

la montre digitale

cloc digidol

la minute

munud

l'heure

awr

la semaine

wythnos

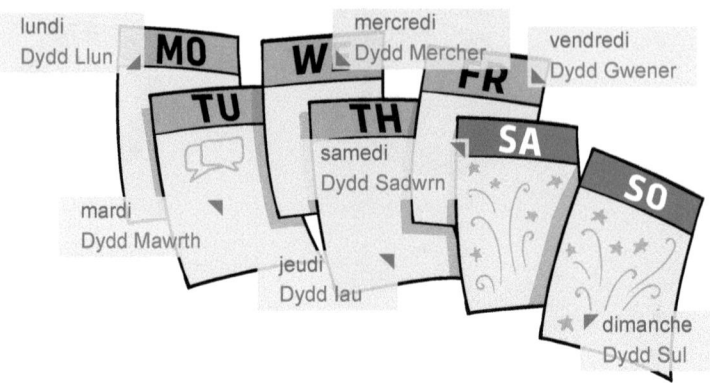

lundi
Dydd Llun

mardi
Dydd Mawrth

mercredi
Dydd Mercher

jeudi
Dydd Iau

vendredi
Dydd Gwener

samedi
Dydd Sadwrn

dimanche
Dydd Sul

hier

ddoe

aujourd'hui

heddiw

demain

yfory

le matin

bore

le midi

canol dydd

le soir

noswaith

les jours ouvrables

diwrnodiau busnes

le week-end

penwythnos

l'année
blwyddyn

la pluie
glaw
l'arc-en-ciel
enfys
le vent
gwynt
la neige
eira
le printemps
gwanwyn
l'été
haf
l'automne
hydref
l'hiver
gaeaf

4.APRIL 11°
5.APRIL 4°
6.APRIL 13°
7.APRIL 8°
8.APRIL 10°

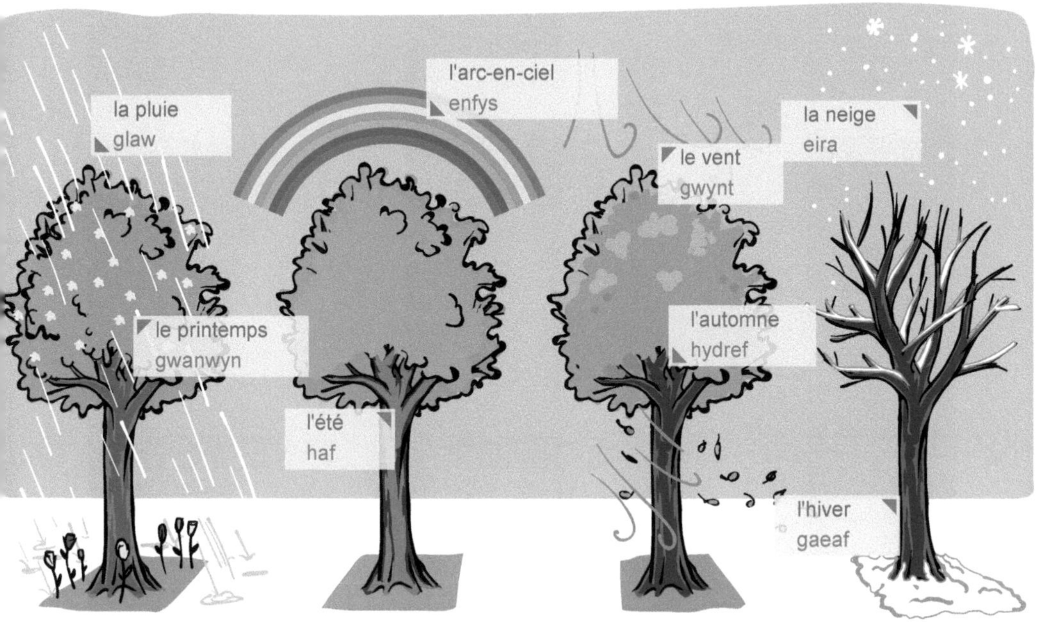

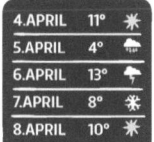

la météo

rhagolygon y tywydd

F C
120 90 60 30 0 -30
40 30 20 10 0 -10 -20

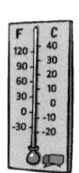

le thermomètre

thermomedr

la lumière du soleil

heulwen

le nuage

cwmwl

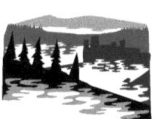

le brouillard

niwl tew

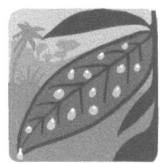

l'humidité

lleithder

la foudre

mellt

la tonnerre

taranau

la tempête

storm

la grêle

cenllysg

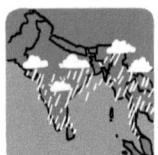

la mousson

monswn

l'inondation

llif

la glace

iâ

janvier

Ionawr

février

Chwefror

mars

Mawrth

avril

Ebrill

mai

Mai

juin

Mehefin

juillet

Gorffennaf

août

Awst

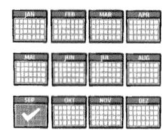

septembre
....
Medi

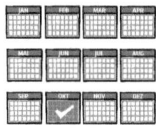

octobre
....
Hydref

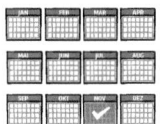

novembre
....
Tachwedd

décembre
....
Rhagfyr

le cercle
....
cylch

le carré
....
sgwâr

le rectangle
....
petryal

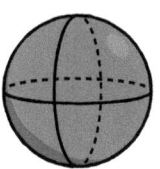

le triangle
....
triongl

la sphère
....
sffêr

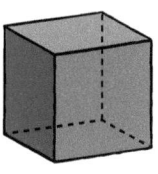

le cube
....
ciwb

blanc

gwyn

jaune

melyn

orange

oren

rose

pinc

rouge

coch

violet

porffor

bleu

glas

vert

gwyrdd

marron

brown

gris

llwyd

noir

du

beaucoup / peu

llawer / ychydig

fâché / calme

dig / tawel

joli / laid

hardd / hyll

le début / la fin

dechrau / diwedd

grand / petit

mawr / bach

clair / obscure

llachar / tywyll

frère / soeur

brawd / chwaer

propre / sale

glân / budr

complet / incomplet

gyflawn / anghyflawn

le jour / la nuit

dydd / nos

mort / vivant

farw / yn fyw

large / étroit

llydan / cul

comestible / incomestible

bwytadwy / anfwytadwy

méchant / gentil

drwg / caredig

excité / ennuyé

llawn cyffro / diflasu

gros / mince

tew / tenau

le premier / le dernier

cyntaf / olaf

l'ami / l'ennemi

cyfaill / gelyn

plein / vide

llawn / gwag

dur / souple

caled / meddal

lourd / léger

trwm / ysgafn

faim / soif

wedi newynnu / yn sychedig

malade / sain

yn sâl / yn iach

illégal / légal

anghyfreithlon / cyfreithiol

intelligent / stupide

deallus / twp

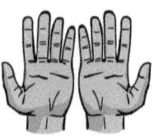

gauche / droite

chwith / dde

proche / loin

agos / pell

nouveau / usé

newydd / wedi'i ddefnyddio

rien / quelque chose

dim / rhywbeth

vieux / jeune

hen / ifanc

marche / arrêt

ymlaen / i ffwrdd

ouvert / fermé

ar agor / ar gau

faible / fort

tawel / uchel

riche / pauvre

cyfoethog / tlawd

correct / incorrect

cywir / anghywir

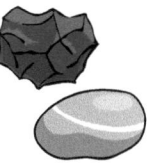

rugueux / lisse

garw / llyfn

triste / heureux

trist / hapus

court / long

byr / hir

lent / rapide

araf / cyflym

mouillé / sec

gwlyb / sych

chaud / froid

cynnes / claear

la guerre / la paix

rhyfel / heddwch

0

zéro

sero

1

un / une

un

2

deux

dau

3

trois

tri

4

quatre

pedwar

5

cinq

pump

6

six

chwech

7

sept

saith

8

huit

wyth

9

neuf

naw

10

dix

deg

11

onze

un deg un

12

douze

un deg dau

13

treize

un deg tri

14

quatorze

un deg pedwar

15

quinze

un deg pump

16

seize

un deg chwech

17

dix-sept

un deg saith

18

dix-huit

un deg wyth

19

dix-neuf

un deg naw

20

vingt

dau ddeg

100

cent

cant

1.000

mille

mil

1.000.000

le million

miliwn

l'anglais

Saesneg

l'anglais américain

Saesneg America

le chinois mandarin

Tsieinëeg Mandarin

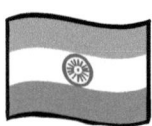

le hindi

Hindi

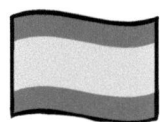

l'espagnol

Sbaeneg

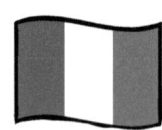

le français

Ffrangeg

l'arabe

Arabeg

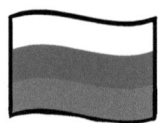

le russe

Rwseg

le portugais

Portiwgaleg

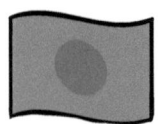

le bengali

Bengali

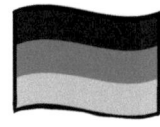

l'allemand

Almaeneg

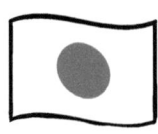

le japonais

Siapanaeg

je

fi

tu

ti

il / elle / ce, c', cela

ef / hi

nous

ni

vous

chi

ils / elles

nhw

Qui ?

pwy?

Quoi ?

beth?

Comment ?

sut?

Où ?

ble?

Quand ?

pryd?

le nom

enw

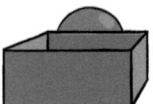

derrière

y tu ôl i

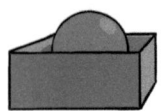

dans

yn / yng / ym / mewn

devant

o flaen

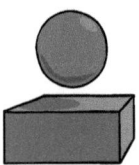

au-dessus

dros

sur

ar

en-dessous

dan

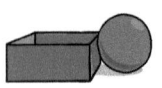

à côté de

wrth ochr

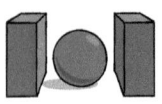

entre

rhwng

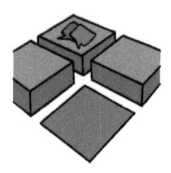

le lieu

lle